Jö ku Aŋau

Wët nom

Ajuiɛɛr de **K**uën **B**aai de **M**ïth (***AKBM***): aaye athöör juëc ke Thoŋ de Jiëëŋ cië ke göör bï kë mïth ya kuɔny në kuën baai. Ke aathöör kë, aacië göör në Thoŋ de Jiëëŋ piɔlic ago mïth ke ya kueen ke cïn anuaan.

AKBM aathiekiic të nɔŋ yïïn ke yï ye man de meth ku ye wun de meth. Na kɔɔr bë mɛɛnhdu Thoŋdu ŋic, ke piɔ̈ɔ̈cië baai në yïn. Ye mɛɛnhdu jääm në Thoŋdu baai. Ye mɛɛnhdu wɛɛi ku piɔ̈ɔ̈c cië bë ya jam, kuën ku gëër në Thoŋ de Jiëëŋ baai. Acïn dët thiekic wär ye kënë tɔu të dët. Raan ce jam në Thoŋ de man ke wun acië thöl ya määr.

Ye thaa koor lööm në në nyindhia ba mɛɛnhdu guiëër yic thieek de Thoŋ de Jiëëŋ. Yïn ke Dupiöny tueŋ de mɛɛnhdu. Na cï mɛɛnhdu piööc në Thoŋdu ku kake pïïr kedhia, ke ŋic acïn raan dët bë ye piɔ̈ɔ̈c. Yic thieek de Thoŋdu ku ceŋ de paandun aye mɛɛnhdu ke tïŋ ku piööc ke të nɔŋ yïïn. Na cï mɛɛnhdu piööc në ceŋdu ku Thoŋdu, ke ŋic aca möör ke däk kë yï nom. Yic thieek de raan në piny nom, e gɔl në ceŋdu ku Thoŋdu.

Yïn ca leec arëtic

Manyaŋ e Deŋ

© Manyang Deng, 2020

ISBN: 978-0-6487937-6-2

All rights reserved. No part of this publication may
be reproduced, stored in a retrieval system, or
transmitted, in any form, or by any means, electronic,
mechanical, photocopying, recording or otherwise,
without the prior permission of the publishers.
This book is sold subject to the conditions that
it shall not, by way of trade or otherwise, be lent,
re-sold, hired out or otherwise circulated without the
publisher's prior consent in any form of binding or
cover other than in which it is published and without
a similar condition including the condition being
imposed on the subsequent purchaser.
Africa World Books Pty. Ltd.

Ajuiɛɛr de Kuën Baai de Mïth (*AKBM*) are series of Dinka (Jiëëŋ) language kids' books. They are collections of simple Dinka (Jiëëŋ) kids' books put together with the aim of promoting Dinka (Jiëëŋ) literacy at homes and beyond. *AKBM* are written in simple Dinka (Jiëëŋ) and use pictorials to aid easy learning.

The lack of Dinka (Jiëëŋ) learning materials at homes is one of the factors responsible for poor Dinka (Jiëëŋ) literacy skills among the majority of Dinka children in diaspora. *AKBM* are aim at bridging this gap. Parents who are interested in their kids learning the Dinka (Jiëëŋ) language may find *AKBM* series very helpful.

Anyone willing to contribute to the *AKBM* kids' books series is very much welcome to do so. *AKBM* kids' books could be on any subject that is kids appropriate and with potential of promoting Dinka literacy. The *AKBM* must be written in simple Dinka and must be written in short sentences. The *AKBM* will prepare kids for more sophisticated writing and reading in Dinka.

Some of the pictures used for *AKBM* series were taken from public domain, and therefore not copy righted. They are still available for public use from the venues they were sorted from.

By Manyang Deng

AKB 1

Jö acääp.
Jö arëër.
Jö acië nyuc.
Jö arëër të pieth.
Jö arëër γöt thok.
Jö acië rɔt päl piny.
Jö arëër piiny.
Jö acië ye thar guɔ̈t piny.
Jö akääc në cök tueŋ.

Jö adaai.
Jö anɔŋ kë γoi.
Jö aγoi rokic.
Jö acië yïny tök rɔ̈ŋ piny.
Jö amuk yïny tök nhial.
Jö amac në yuiën.
Jö amac në bekliel.
Jö atɔ̈ yɔ̈l piiny.
Jö acië ye yɔ̈l dhɔ̈ɔ̈r.

Jö akat.
Jö akat bëëc.
Jö ariŋ wɛk.
Jö akat arët.
Jö acië kat.
Jö ariŋ.
Jö athuny.
Jö acië thuɔ̈ny.
Jö akat në nyuɔ̈ɔ̈nic.
Jö akat të lääu.

Jö akat, ke cië ye thok γɔ̈ŋ.
Jöŋ akat, adït.
Jöŋ kat, adït ril.
Jöŋ kat, adït yɔ̈l.
Jöŋ kat, acol thok.
Jöŋ kat, anɔŋ awuur juëc.
Jöŋ kat, e guɔ̈p mathiäŋ.
Jö acië yöt.
Jö anɔŋ kë cop.
Jö acop lëi.

Jö ku Aŋau

Jö anëk cɔk
Jö acï cɔk dɔm.
Jö acuet rïŋ.
Jö akuin yuɔɔm.
Jö akuin yuɔɔm kɔ̈u.
Jö akuin yuɔɔm kɔ̈u në rïŋ.
Yuɔɔm kuin jö kɔ̈u, adït.
Jö akuin yuɔɔm ke cië tɔ̈c.

Jö acië ye nom röŋ.
Jö acië yuɔɔm kac.
Jö acië yuɔɔm dɔm në ye cök.
Jö arem yuɔɔm.
Yuɔɔm acië kɔ̈u thök në rïŋ.
Jöŋ kuin yuɔɔm, akoor.
Jöŋ kuin yuɔɔm, acï reu dɔm.
Jöŋ kuin yuɔɔm, akën kuɛth.

Jö acië kat.
Jö athuny.
Jö ariŋ.
Jö apol.
Jö acië yöt.
Jö acië päär.
Jö acië yɔɔt nhial.
Jö acië tim cië rïïu lïïr.
Jö akat në wëëric.

E jöŋ ë, adhëŋ.
E jöŋ ë, acië cuai.
E jöŋ ë, anhiaar kat.
E jöŋ ë, amuk ye yöl nhial.
E jöŋë, e yöt arët.
E jöŋë, e päär aretic.
E jöŋ ë, e guɔ̈p mayen.
E jöŋë, akat në wëër de jɔ̈kic.
E jöŋ ë, anhiɛɛr raan de yen.

AKB 1

Jö acï nïn dɔm.
Jö acië guɔ̈p dak.
Jö acië dhäär.
Jö acië töc.
Jö acië töc piiny.
Jö acië ye yic kööl.
Jö acië ye nyin niɛɛn.
Jö anin.
Jö anin aɣeer.
Jö anin bii.

Jö anin ye tök.
Jö acië nin.
Jö abë nin.
Jö acië nin në kaam bääric.
Jö acï bë dɔc pääc.
E jöŋ tï, anhiaar nïn.
E jöŋ tï, ace dɔc pääc.
E jöŋ tï, anin köl.
E jöŋ tï, anɔŋ guɔ̈p nhïm.
E jöŋ tï, anɔŋ guɔ̈p nhïm juëc.

Jö acië ye thok ŋäär nhial.
Jö acië ye thok ŋaam.
Jö abiɔ̈k.
Jö abiɔ̈k ɣöt kɔu.
Jö abiɔ̈k arët.
Jö amac në wiën.
Jö aŋäär.
Jö aŋëër ye thok nhial.

E jöŋë, e biök në nyindhia.
E Jöŋë, e biök në luɔ̈ɔ̈t.
E Jöŋë, e cool e biök.
E jöŋë, e cool ke biök.
E jöŋë, e kɔc tëk biök.
Ejöŋë, e läi tëk biök.
E jöŋ ë, adït thok.
E jöŋ ë, anɔŋ thok kuiɛl dït.

Jö ku Aŋau

Jöŋ adaai.
Jö adaai të mec.
Jöŋ anɔŋ kë ɣoi.
Jö anɔŋ kë cië tïŋ.
Jö amac.
Jö amac në wiën.
Jö amac në bekliel.
Jö acië mac yeth.
Jö acië mac yeth në bekliel.
Jö acië mac në löc.

Jö acië piɔ̈u riääk.
Jö acië ŋeeny.
Jö aŋäär.
Jö anɔŋ thok lec.
Jö acië ye lec ŋeeny.
Jö anɔŋ thok lec juëc.
Jö acië ye nyin rïëëtbei.
Jö acië ye nyin gëëk.
Jö acië lec ke nyuɔɔth.
Jö aŋëër kaman në baai thok.

Jö amac në rɔkic.
Jö amac ɣöt thok.
Jö amac ɣööt.
Jö amac luaak.
Jö amac në tim thar.
Jö amac në kät thar.
Jöŋ mac në wiën, acol guɔ̈p.
Jöŋ mac ë, e jöŋ col.
Jöŋ mac në wiën acek yɔ̈l.
Jöŋ mac acië teem yɔ̈l.

Jö aŋëër kaman cië bën.
Jö aŋëër jäl cië bën.
Jö anɔŋ thok lec nhial.
Jö anɔŋ thok lec piiny.
Jö anɔŋ thok kuiɛl.
Jö anɔŋ thok liep.
E jöŋ ë, ayen në mïth riɔ̈ɔ̈c.
E jöŋ ë, ayen në kɔc riɔ̈ɔ̈c.
E jöŋ ë, aman kɔc kuc ke.
E jöŋ ë, aman jɔ̈k kɔ̈k.

Jö acië yal.
Jö acï reu dɔm.
Jö akɔɔr pïu.
Jö agöör pïu roor.
Jö awïc pïu bë dek.
Jö acië cop në wëër nom.
Jö acië cop në wëër thok.
Jö alap pïu.
Jö alap pïu arët.
Jö adëk.
Jö adek pïu.

Jö acië pïu dek.
Jö acië thok në dëk.
Jö abë dek në pïu.
Jö adëk në pïu wiir.
Jö adek pïu wiir.
Jö adek pïu agör thok.
Jö alap pïu.
Jö alap pïu në ye liep.
Jö e pïu lap cië gɔl.
Jöŋ dëk, ayer guöp.
Jöŋ dëk, acath ye tök.

E kë në, akun de jö.
E kë në, e mɛɛnh de jö.
Mɛɛnh de jö aye cɔl akut.
Akut akääc.
Akut akääc në rɔt.
Akun de jö akääc.
Akut adaai.
Akut acië gäi.

Akut adaai ke cië gäi.
Akut acië riööc.
Akut acol thok.
Akut apol.
Akut acuet rïŋ.
Akut alap pïu.
Akut alap ca.
Akun de jö acië kuɛth.

Jö e lën baai.
Jö e län koor.
Jö amääth ke raan.
Jö e pol ke kɔc baai.
Jö e baai tiit.

Jö e baai tiit.
Jö e raan cäm lëi.
Jɔk athäär.
Jɔk athäär në baai thok.
Jɔk apiöt.

Jö ku Aŋau

Jö e raan kööl nyin.
Jö e kɔc kööl nyïn baai.
Jö anhiaar kɔc gup.
Kɔc aa nhiaar jö.

Jɔ̈k ke reu athäär.
Jɔ̈k aman röth.
Jöŋ tök akoor.
Jöŋ tök adït.

Jö anɔŋ thar yɔ̈l.
Jö e ye yɔ̈l muk nhial.
Jö amuk ye nom piny.
Jö e yɔ̈l tɔ̈ nhial në nyindhia.
Jö e yɔ̈l tɔ̈ nhial në luɔ̈ɔ̈t.
Jö anɔŋ guɔ̈p nhïm.
Jö anɔŋ yïth ke reu.
Jö e piŋ në yïthke
Jö anɔŋ wum.

Jö e wëëi në wum.
Jö e wëëi në wumde.
Jö acath në baai thok.
Jö acath yal thok.
Jö acath bec thok.
Jö acath dhölic.
Jö acath kueric.
Jö acath ye thök.
Jö acath amääth.

Jö anɔŋ nyïn ke reu.
Nyïn ke jö ayen ke daai.
Jö e piny tïŋ në nyïnke.
Jö anɔŋ thok.
Jö e cam në thoŋde.
Jö adït thok.
Jö abäär thok.
Jö acië ye thok ɣɔ̈ŋ.

Jö atɔ̈ liep aɣeer.
Jö anɔŋ thok lec.
Jö anɔŋ thok kuiɛl ke ŋuan.
Jö e raan cäm läi.
Jö e pïïr në rïŋ.
Jö e cam në kuïn.
Jö e cam në mïïth juëc.
Jöŋ acië ye yïth jot.

AKB 1

Jö anɔŋ liep.
Jö acië liep bëëi bei.

Jö acol thok.
Jö anɔŋ kë ceŋ në ye yeth.

Jö anɔŋ cök ke ŋuan.
Jö e kat në cök ke.
Jö e päär në cök ke.
Jö e cath në cök ke.
Jö e guet në cök ke.
Jö e ceŋ baai.
Jö e pïïr baai.
Jö anhiaar kat.
Jö akat në bäär thok.

Jö ariŋ në pïu thook.
Jö e pïïr në run juëc.
Jö amääth ke raan.
E jöŋ tui, acol guɔ̈p.
E jöŋ tui, akat në liɛɛtic.
E jöŋ tui apiɔl.
E jöŋ tui, amor.
E jöŋ tui, anɔŋ awuur.
E jöŋ tui, atɔ̈ cök nhial

Aŋau e yith nhial.
Aŋau ayith.
Aŋau ayith nhial.
Aŋau acië lɔ në tim nom.
Aŋau acië yith në tim nom.
Aŋau acië riɔ̈ɔ̈c në jö.
Aŋau ayith nhial në tim.
Aŋau acië tim rɔk në ye cök.

Aŋau amuk ye yɔ̈l nhial.
Aŋau acië riɔ̈ɔ̈c në jö.
Aŋau acië jö ŋuet nyin.
Aŋau acië adëëny nhial.
Aŋau acië kɛt nhial.
Aŋau e yith nhial bë lɔ thiaan.
Aŋau acië thiaan në tim nom.
Aŋau yen akoor në jö.

Jö ku Aŋau

Tɔ̈ aŋau të no?
Aŋau acië thiaan.
Yeŋö cï aŋau tïŋ?
Aŋau acië jö tïŋ.
Aŋau aɣoi jö apieth.
Aŋau acië riɔ̈ɔ̈c në jö.
Aŋau acië thiaan.
Aŋau acië thiaan në tim kɔ̈u.
Aŋau acië mat ke tim.

Aŋau acië thiaan të nɔŋ akɛ̈ɛ̈n.
Aŋau atɔ̈ të nɔŋ nyuɔ̈ɔ̈n.
Jö akën aŋau tïŋ.
Aŋau adaai në jö.
Aŋau adaai e dhep-dhep.
Aŋau acië ye yïth jat nhial.
Aŋau anɔŋ ater ke jö.
Jö e ŋau cop të cen ye tïŋ.
Aŋau e kat të cen jö tïŋ.

Aŋau acäm.
Aŋau acäm miëth aduɔ̈kic.
Aŋau acäm ye tök.
Aŋau acam kuïn.
Aŋau acam cuïn.
Aŋau acäm ke cië bop.
Aŋau acuët.
Aŋau acam kuïn.
Aŋau acuet rëc.
Aŋau acuet rïŋ.

Aŋau acië lok dɔm ku cuet.
Aŋau acië ariik dɔm ku cuet.
Aŋau atɔ̈ γöt kɔ̈u.
Aŋau atɔ̈ γööt.
Aŋau acië rɔt päl piny.
Aŋau e ka juëc cam.
Aŋau e lok cam.
Aŋau e käm cam.
Aŋau e ariik cam.
Aŋau aye cɔl burɔ.

Aŋau akat.
Aŋau akat në nyuɔ̈ɔ̈nic.
Aŋau athuny.
Aŋau ariŋ.
Aŋau acië kat.
Aŋau acië thuɔ̈ny.
Aŋau akat roor.
Aŋau akat rokic.
Aŋau acië kat arët.
Aŋau anɔŋ kë cop.

Aŋau acop riëc.
Aŋau acol lok.
Aŋau acop col.
Aŋau acop riëc në nyuɔ̈ɔ̈nic.
Aŋan cop col, aγer cök.
Aŋan cop lok, abäär yɔ̈l.
Aŋan cop riëc, acië päär.
Aŋau yen adït në lok.
Aŋau yen aril në riëc.
Riëc yen akoor aŋau.

Jö ku Aŋau

Aŋau acië yal.
Aŋau acï reu dɔm.
Aŋau anëk reu.
Aŋau akɔɔr pïu.
Aŋau acië pïu yök.
Pïu atɔ̈ aduɔ̈kic.
Aŋau adëk.
Aŋau adek pïu.
Aŋau alap pïu.

Aŋau alap pïu në liep.
Aŋau acië dek.
Aŋau abë dek.
Aŋau adek pïu ye tök.
Aŋau adek pïu ɣööt.
Aŋau adek pïu ɣöt thok.
Aŋau adek pïu në kät thar.
Aŋau adek pïu ke daai.
Aŋau adek pïu ke pïŋ.

Aŋau anin.
Aŋau alɔ̈ŋ.
Aŋau anin ye tök.
Aŋau anin baai.
Aŋau anin ɣööt.
Aŋau anin në thööc yic.
Aŋau acië ye yic dol.
Aŋau acië ye yic kööl.
Aŋau acië nin arët.
Aŋau abë pääc.

Aŋan nin acië dak.
Aŋan cië tɔ̈c acië dhäär.
Aŋan nin acië guɔ̈p yut.
Aŋan nin acië rɔt päl piny.
Aŋan nin acek yeth.
Aŋan nin akoor nom.
Aŋan nin anɔŋ cök riööp.
Aŋan nin anɔŋ thar yɔ̈l.
Aŋan nin anɔŋ nyïn ke reu.
Aŋan nin abë lɔ yäp.

AKB 1

Aŋau acath.
Aŋau acath amääth.
Aŋau acath ke kuɛɛny ye cök.
Aŋau acath ke piŋ ye yïc.
Aŋau acath ke thiiu ye yïc.
Aŋau acath në nyuɔ̈ɔ̈nic.
Aŋau acath në baai thok.
Aŋau acath yalthok
Aŋau acië cöök tök jat nhial.

Aŋau ayäp.
Aŋau ayɔ̈p kë ciɛm.
Aŋau acië ye yïth jat nhial.
Aŋau anɔŋ kë cië tïŋ.
Aŋau anɔŋ kë dhɔm.
Aŋau anɔŋ kë tuŋ.
Aŋau acath amääth.
Aŋau acath ye tök.
Aŋau ace piŋ cök të ciɛth yen.

Aŋau atuŋ lok.
Aŋau adhɔm riëc.
Riëc akën aŋau tïŋ.
Lok acië aŋau moth.
Lok acië aŋau tïŋ.
Lok acië kat.
Aŋau acop lok.
Aŋau acop col.
Aŋau acop riëc.
Lok adëënywei bë lɔ thiaan.
Lok atɔ̈ tueŋ.

Aŋau atɔ̈ në lok cök.
Lok acië kat arët.
Lok amuk ye yɔ̈l nhial.
Lok acië riɔ̈ɔ̈c.
Aŋau acop riëc ɣööt.
Aŋau acop col bii.
Aŋau anɔŋ ater ke riëc.
Lok e miëth e riëc.
Aŋau yen aril në riëc.
Aŋau yen adït.
Aŋau ace riɔ̈ɔ̈c aŋau.

Jö ku Aŋau

Aŋau acië tɔ̈c.
Aŋau acië tɔ̈c në nyuɔ̈ɔ̈nic.
Aŋau acië tɔ̈c në nyuɔ̈ɔ̈n nom.
Col atɔ̈ aŋau lɔ̈ɔ̈m.
Col acap aŋau lɔ̈ɔ̈m
Aŋau acië col tïŋ.
Col acië aŋau tïŋ.
Aŋau adaai në col.

Col adaai aŋau.
Col acï määth ke aŋau.
Col akën riɔ̈ɔ̈c aŋau.
Aŋau acië kuɛth.
Aŋau acï kör në kë ciɛm.
Aŋau acï kör bë col cam.
Aŋau anɔŋ ater ke col.
Aŋau e col cam.

Aŋau akääc.
Aŋau akääc në cök ke ŋuan.
Aŋau akääc të thöny.
Aŋau amuk ye yɔ̈l nhial.
Aŋau acië ye guɔ̈p päl piny.
Aŋau acië ye yïth jɔt.
Aŋau anɔŋ kë cië tïŋ.
Aŋau acië liec.
Aŋau anɔŋ kë ɣoi.
Aŋau atïŋ piny në kë bë cam.
Aŋau akɔɔr kë cam.

Aŋau awïc kë bë cam.
Aŋau ayɔ̈p kë bë cam.
Aŋau agöör kë bë cam.
Aŋan tï, amuk ye yɔ̈l nhial.
Aŋan tï, akääc në baai thok.
Aŋan tï, akääc domic.
Aŋan tï akääc yal thok.
Aŋan tï, akääc ye tök.
Aŋan tï, amuk ye yïth nhial.
Aŋan tï, adaai.
Aŋan tï, anɔŋ kë cï tïŋ.

AKB 1

Aŋau e lëi.
Aŋau e län thiin nyɔɔt.
Aŋau e lën thiin koor.
Aŋau e län baai.
Aŋau e ceŋ baai.

Aŋau e pïïr roor aya.
Aŋau e ceŋ roor aya
Aŋau e käm tiɛɛtwei baai.
Aŋau e këroor tiɛɛtwei baai.
Aŋau e këpiny cuɔp wei baai.

Aŋau anɔŋ nyïn ke reu.
Aŋau e daai në nyïnke.
Aŋau e daai apieth wakɔ̈u.
Aŋau ace daai apieth aköl.
Aŋau adaai.
Aŋau aɣoi tueŋ.

Aŋau acië ye nom wël.
Aŋau anɔŋ yïth ke reu.
Aŋau e piŋ në yïthke.
Aŋau e nyin dëp wakɔ̈u.
Aŋau acek thok.
Aŋau acek yeth.

Jö ku Aŋau

Aŋau anɔŋ cök ke ŋuan.
Aŋau e cath në cök ke.
Aŋau anɔŋ cök riööp.
Aŋau e ŋuet në riööp.
Aŋau e kë dɔm ŋuet në riööp.
Aŋau acït riööp köör.

Aŋau akït riööp ke kuac.
Aŋau e riööp ke thiaan.
Aŋau ace piŋ cök të ciɛth yen.
Aŋau anɔŋ thar yöl.
Aŋau e naŋ kïït juëc.
Aŋau e naŋ buuk juëc.

Aŋau anɔŋ rin juëc.
Aŋau aye cɔl nyau.
Aŋau aye cɔl thodiit.
Aŋau aye cɔl burɔ.
Aŋau aye cɔl akuɔɔt.
Aŋau aye cɔl nyandeeŋ.

Aŋau akoor nom.
Aŋau anɔŋ guöp nhïm.
Aŋau anɔŋ thok lec.
Aŋau e kac në lec ke.
Aŋau anɔŋ thok kuiɛl ke ŋuan.
Aŋau anɔŋ thok wil (yuil).

Akeer ke Thoŋ de Jiëëŋ

Aa	Ee	Ii	Oo	Uu
Ww	Yy	Bb	Pp	Mm
Dd	DHdh	Tt	THth	Ll
Nn	NHnh	Ŋŋ	NYny	Rr
Kk	Gg	Ɣɣ	Cc	Jj

Ɛɛ: Ɔɔ

Ää   Ëë   Ïi   Öö   Ɛ̈ɛ̈   Ɔ̈ɔ̈

Jö ku Aŋau

Kuën Akeer ke Thoŋ de Jiëëŋ

A	E	I	O	U
Akɔ̈ɔ̈n	Weŋ	Biɔl	Rok	Agumut

W	Y	B	P	M
Wut	Yiëp	Baai	Pɛɛi	Miir

N	NH	Ŋ	NY	R
Nɔk	Nhiëër	Aŋau	Nyaŋ	Rɔu

D	DH	T	TH	L
Dak	Dhiëër	Tim	Thɔ̈rɔ̈t	Lok

AKB 1

K	G	Ɣ	C	J
Kuac	Gɔt	Ɣöt	Cuɔɔr	Jö

AA	EE	II	OO	U
Amaar	Teer	Tiim	Cool	Cuur

Ä	Ë	Ï	Ö	Ɛ̈
Cäm	Kuëi	Ajïth	Töny	Pïën

ÄÄ	ËË	ÏÏ	ÖÖ	Ɛ̈Ɛ̈
Amääl	Rëët	Acuïïl	Piööc	Wëër

Jö ku Aŋau

ɛ	ɛɛ	ɔ	ö	ɔɔ
Diɛt	Tiɛɛr	Piɔk	Aköl	Ayɔɔk

öö

Acööm

www.ingramcontent.com/pod-product-compliance
Lightning Source LLC
Chambersburg PA
CBHW031430290426
44110CB00011B/605